A SU PROPIO
RiTMO

ACTIVIDADES Y RECURSOS PARA PEQUEÑOS DE 0 A 3 AÑOS CON PEDAGOGÍAS ACTIVAS

Carmen Marín Cruz

A mis Pablos y María por dar luz a mis ideas
y a mi abuela que me guía desde el cielo.

índice

PRESENTACIÓN   6

PRÓLOGO   8

ACTIVIDADES PARA BEBÉS   10

BANDEJAS SENSORIALES   36

MESA DE LUZ   54

CUBO SENSORIAL   76

AGRADECIMIENTOS   98

BIBLIOGRAFÍA   100

PRESENTACIÓN

Os cuento un poco de mí, me he especializado en pedagogías activas (Montessori, Emmi Pikler, Waldorf, Reggio Emilia...), ya que pienso que lo mejor en esta etapa es coger un poquito de cada una y hacer tu propia metodología educativa.

La idea empezó en el confinamiento, no estaba trabajando ya que unos meses antes vivíamos en Madrid y volvimos a nuestra tierra, San Fernando. Pensé que igual, cuando yo estaba trabajando en una escuela infantil preparaba actividades para los peques, ¿por qué no, preparárselas a mi pequeño? Por aquel entonces tenía casi dos añitos y ya empezaba a mostrar curiosidad e interés por todo. Entonces decidí ayudar a otras familias y educadoras, publicando en mi cuenta de Instagram las actividades y recursos que hacía en casa con él.

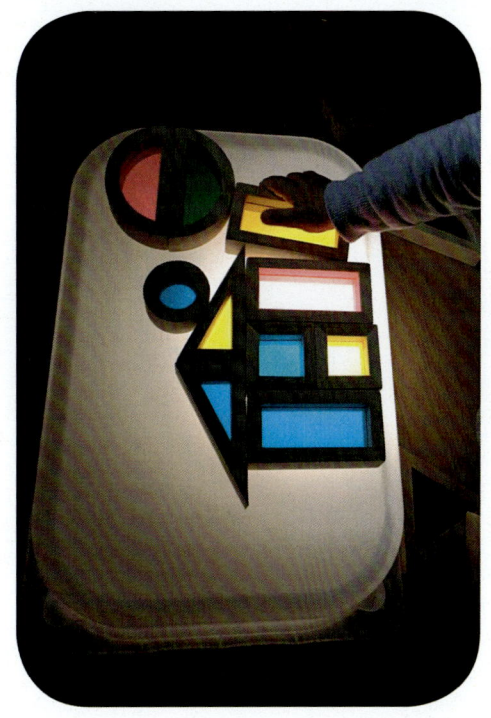

Actualmente estoy trabajando en el Colegio Puertoblanco (Algeciras) en Preschool como educadora infantil, donde aprendo, disfruto y comparto ideas con mis compañeras y los pequeños.

PRÓLOGO

El título mismo lo indica, cada pequeño es único y se desarrolla a un ritmo diferente, debemos respetar los tiempos y ritmos de cada niño con calma y seguridad para que aprenda y disfrute a través de todos los sentidos.

En sus primeros años de vida, el juego es una herramienta de aprendizaje y, para mí, es la más importante como principal motor del desarrollo de sus capacidades motrices, sociales, cognitivas y emocionales.

A través de los materiales que tenemos por casa o en la escuela podemos crear infinidades de propuestas de juego. No hace falta tener muchos juguetes para que aprendan y se diviertan porque cuando son tan pequeños con cualquier cosa como, por ejemplo, una cuchara se sienten asombrados y aprenden de todas sus características. Os muestro en este libro como hacer recursos de juego, empezamos con ello.

ACTIVIDADES PARA BEBÉS

Cuando los bebés nacen y hasta los tres años, tienen plasticidad en su cerebro, por eso se dice que son esponjas, aprenden todo lo que ven a su alrededor.

"Tienen una mente absorbente" como decía María Montessori. Aprenden de su entorno para sacar el máximo rendimiento y este debe ser lo más rico posible.

Los primeros años de vida es importantísimo ofrecer al niño actividades que les ayude a sentar las bases correctas.

En cada actividad pongo una edad orientativa, ya que cada niño se desarrolla a un ritmo diferente. No nos podemos frustrar o preocupar porque nuestros peques no consiguen algún objetivo a esa edad justamente porque puede ser un poco antes o un poco después. Tenemos que ver preparado y receptivo a nuestro pequeño para poder ofrecerle algún material o actividad. Un buen momento para proponer alguna actividad es después de que estén todas sus necesidades de alimentación y sueño cubiertas, así estará más receptivo, aunque depende de cada pequeño.

BOTELLAS SENSORIALES

Objetivos:

Estimulamos los sentidos de nuestros peques a través de las botellas sensoriales y desarrollamos la motricidad fina y gruesa. La pueden utilizar desde los 5 meses dependiendo siempre de cada niño.

Desarrollo:

Echamos agua con el colorante y mezclamos todo, a continuación, añadimos los demás materiales y removemos. Lo más importante poner silicona o pegamento en la tapa antes de cerrar la botella para la seguridad de nuestros peques y así no puedan abrirla.

Materiales:

◇ Pistola de silicona o pegamento.

◇ Botella de plástico.

◇ Garbanzos pintados.

◇ Hama de colores y gomillas pequeñas de colores.

◇ Colorante.

◇ Purpurina.

◇ Agua.

Las botellas sensoriales no tienen por qué hacerse con estos materiales exactamente, se pueden hacer con cualquier material que tengamos por casa.

CINTA DE VIENTO WALDORF

Objetivos:

Estimula la creatividad y la imaginación, el aire forma parte del juego.

Para bebés desde que empiezan con el agarre, unos 3 o 4 meses depende siempre de cada momento evolutivo de cada pequeño.

Desarrollo:

Cortamos cada cinta de color con una medida 40 cm y la colocamos en el aro de madera con un nudo. Repetimos la acción con cada color como el arcoíris.

En mi cuenta de Instagram, explico en un video como se hace exactamente el nudo.

Materiales:

◇ Aros de madera (yo reutilice unos de cortinas).

◇ Lazos de colores.

CESTOS DE LOS TESOROS

Desarrollo:

Para bebés de 6 a 18 meses. Es un cesto con elementos de la vida cotidiana de diferentes materiales y texturas y con ello conseguimos que manipule y explore libremente los diferentes objetos reales, para descubrir y formar una idea del mundo que le rodea. Además, se puede ir cambiando los elementos, entorno a las estaciones del año o cualquier elemento que le sea atractivo.

Materiales:

◇ Cesta de cualquier material.

◇ Colador.

◇ Mazo y cuenco de madera.

◇ Cuchara pequeña o grande

◇ Trozo de madera y materiales no estructurados

PINTAR CON HIELOS

Objetivos:

Desarrollamos su creatividad, mejoramos la motricidad fina, trabajamos los colores y los sentidos, entre otras.

Desarrollo:

Echamos agua en la cubitera, ponemos una gota de colorante (cada uno de un color), lo metemos en el congelador unas dos horas para que no esté congelado del todo para meter el palo de madera y esperamos unas dos horas más hasta que este congelado.

Después cuando esté listo lo sacamos y a disfrutar pintando.

Materiales:

◇ Palos de madera.

◇ Agua.

◇ Cubitera de hielo.

◇ Colorantes alimentarios.

CAJA DE PERMANENCIA MONTESSORI

Objetivos:

Esta actividad favorece la adquisición del sentido de la permanencia de los objetos, el movimiento, la destreza manual y la coordinación ojo-mano.

Para bebés desde unos 6 meses.

Desarrollo:

Primero cortamos la tapa de la caja por la mitad, le hacemos el hueco de la pelota con la silueta de la misma y con la otra mitad de la tapa hacemos el desnivel, pegamos la tapa con celo y luego decoramos al gusto.

Materiales:

◇ Caja de cartón de zapatos.

◇ Celo.

◇ Pelota ping pong

◇ Tijeras o cúter.

◇ Pintura o pegatinas.

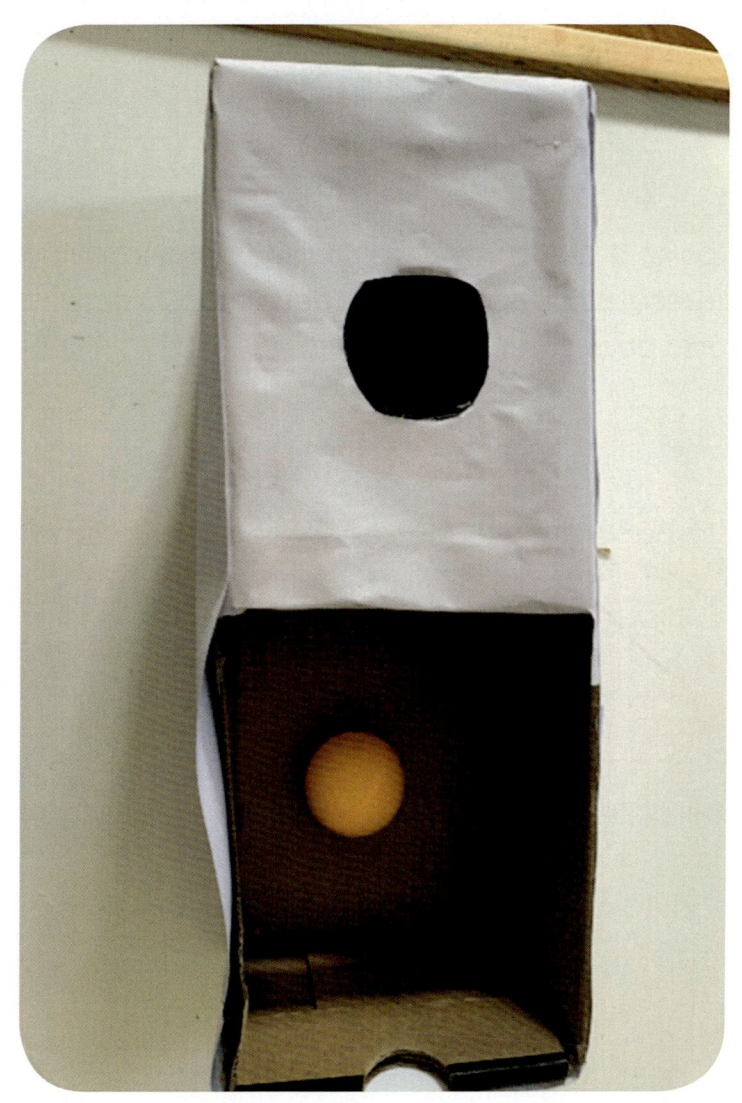

BOLSA SENSORIAL

Objetivos:

Estimulamos los sentidos de nuestros peques y desarrollamos su motricidad fina y gruesa. La pueden utilizar desde los 5 meses dependiendo siempre de cada pequeño.

Desarrollo:

Primero abrir la bolsa zip, después echar el aceite corporal de bebé. A continuación, añadimos el colorante, agua y, por último, purpurina, la cerramos y ¡a disfrutar!

Materiales:

◇ Aceite corporal 125 ml.

◇ Agua (la medida de un dedo).

◇ Purpurina.

◇ Colorante alimentario del color que os guste.

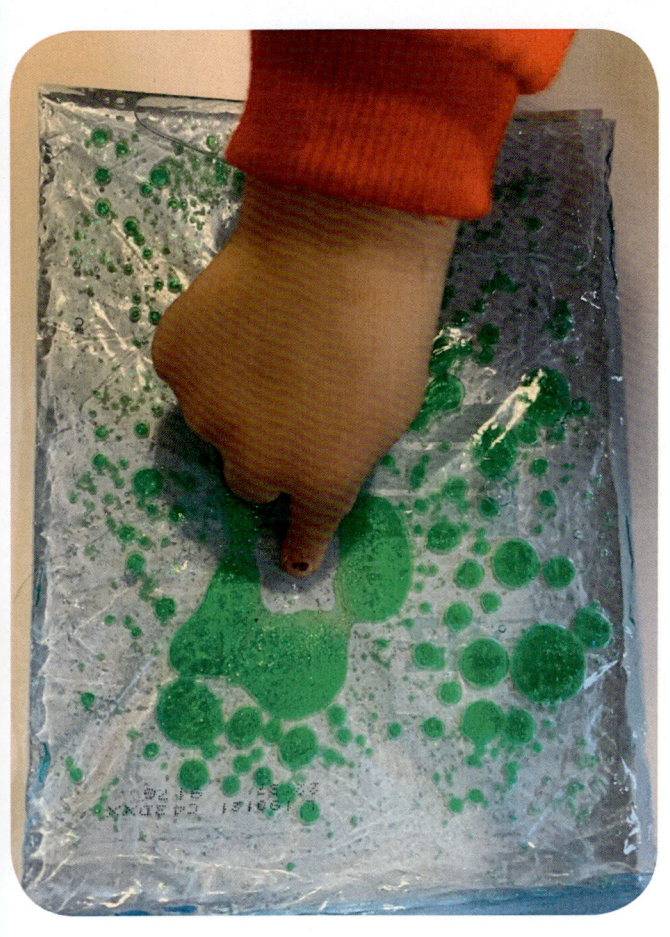

PLASTILINA COMESTIBLE

Objetivos:

Desarrollar la motricidad fina, estimula los sentidos y la creatividad.

Desarrollo:

Mezclamos todos ingredientes, amasamos hasta que quede una masa manejable, si crees que la textura es demasiado dura, añade un poco de aceite y si te has pasado con un papel absorbente se le quita el sobrante.

Lo mejor de esta plastilina es que no es tóxica, ya que los ingredientes son comestibles y sin miedo se le puede ofrecer a los pequeños.

Ingredientes:

◇ 3 tazas pequeñas de té (envases de yogurt, también os sirve).

◇ Exactamente 300 g de harina de trigo. (Yo he usado 200 g)

◇ 1 taza pequeña o 100 g de sal.

◇ 1 taza pequeña de agua o 100ml.

◇ 2 cucharadas de postre de aceite.

◇ Colorante alimentario lo que queráis, dependiendo de la intensidad que os guste.

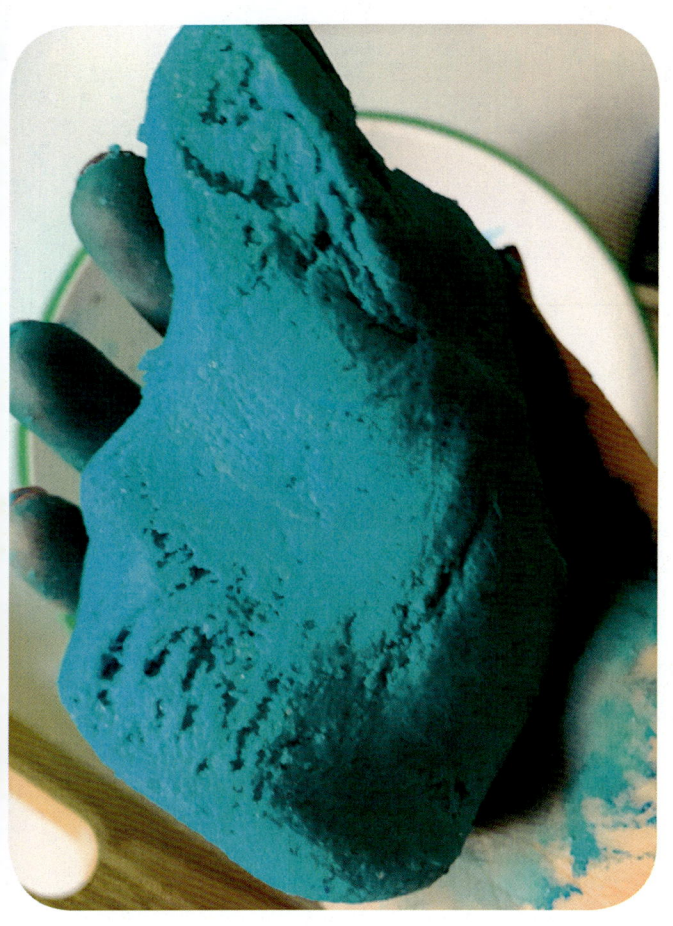

PAÑUELOS DE COLORES

Objetivos:

Favorecer el sentido del tacto, adquisición de los colores, desarrollo de la motricidad fina y gruesa.

Desarrollo:

Colocamos los pañuelos en una cuerda para que rocen el suelo, poner al bebé estirado boca arriba en una manta o suelo blandito para que así pueda tocar, estirar y experimentar con los pañuelos.

Una vez que ya se puede sentar y mover se distrae solo estirando, tocando y jugando con los pañuelos de colores.

Materiales:

◇ Pañuelos sensoriales de colores.

◇ Una cuerda.

PINTURA COMESTIBLE

Objetivos:

Explorar colores y texturas, favorecer la motricidad fina y desarrollar los sentidos y creatividad.

Desarrollo:

Cogemos varios cuencos o en una cubitera con una cuchara echamos el yogurt, ya sea natural o de soja, lo dividimos en pequeñas cantidades en cada cuenco o hueco de la cubitera. Más tarde, echamos el colorante alimentario para tener diferentes opciones de colores y mezclamos todo hasta que se integre bien cada color y ya tenemos preparada nuestra pintura comestible.

Materiales:

◇ Yogurt natural o de soja si es menor de 6 meses.

◇ Colorante alimentario.

CAJA DE MADERA

Objetivos:

Desarrollamos la motricidad fina, mejora la coordinación oculó manual, favorece la adquisición del sentido de la permanencia de los objetos y personas, con esto conseguimos que tienen una existencia a pesar de no poder verla o percibirlas.

A partir de los 8 meses, dependiendo del desarrollo evolutivo/madurativo de cada pequeño.

Desarrollo:

Cogemos una caja de cartón si es de zapatos mucho mejor y recortamos la silueta de varias posiciones del trozo de madera dejamos los agujeros para que los peques puedan meter el trozo de madera en la caja, luego cuando lo metan podemos abrir la caja y ver que está dentro.

Materiales:

◇ Caja de cartón (de zapatos o cualquiera que tenga una tapa).

◇ Trozos de madera.

◇ *Como variante se pueden meter pelotas en la caja en vez de los troncos.

COLORES

Objetivos:

Mejorar la motricidad fina, desarrollo la coordinación oculó manual, favorece la concentración y memoria, adquisición de los colores.

Desarrollo:

Con el cartón de los huevos pintamos de color cada fila con un color diferente, tal como vemos en las fotos, luego tenemos que coger unas piezas sueltas de colores o como variante podemos coger pelotas del mismo color y así el peque puede ponerlo en la huevera del color correspondiente.

Para peques a partir de los 18 meses, dependiendo el desarrollo evolutivo del niño.

◇ Rotuladores de colores.

Materiales:

◇ Piezas sueltas de colores.

◇ Cartón de huevos.

◇ Pelotas de colores.

CUENTO CREATIVO

Objetivos:

Mejorar la motricidad fina, desarrollo la coordinación oculó manual, favorece la concentración, escucha y memoria, adquisición de los colores.

Desarrollo:

El cuento activo, es contar un cuento pero de manera diferente, de forma creativa y visiualmente estética.

Contamos el cuento, le presentamos las piezas de colores y arcoiris, para que puedan jugar y explorar libremente.

Materiales:

◇ Cuento

◇ Arcoiris madera de colores

◇ piezas sueltas de colores

BANDEJAS SENSORIALES

Es un recurso educativo intrigante que despierta la curiosidad de los más pequeños. Es un recipiente, una caja o una bandeja que incluye diferentes elementos e invita a la experimentación sensorial, la observación y manipulación.

Se pueden utilizar:

◇ Materiales estructurados y no estructurados, reciclados, naturales...

◇ Bases sensoriales secas como harina, legumbres, pasta, maíz, sal, arroz, azúcar, arena...

Se pueden ofrecer desde el momento que empiezan a tener curiosidad por el entorno. Cada bandeja estará adaptada a cada grupo dependiendo de las capacidades de cada pequeño.

Aquí os enseño algunas propuestas de bandejas sensoriales.

BANDEJAS SENSORIALES

FLORES HELADAS

Objetivos:

Mejorar la motricidad fina, desarrollar los sentidos, favorece la concentración, adquirir conocimientos relacionados con la propuesta.

Desarrollo:

Llenamos globos de agua y le echamos dentro flores también rellenamos la cubitera de hielo y ponemos una flores en cada hueco, lo metemos unas 4 horas en el congelador.

Cuando ya esté congelado lo ponemos en la bandeja con los demás materiales que vamos a utilizar y ya estaría preparada la propuesta lista para disfrutar.

◇ Cuenco de madera y mortero de madera.

Materiales:

◇ Cuchara de madera.

◇ Globos.

◇ Bandeja.

◇ Flores naturales.

◇ Cubitera hielo.

BANDEJA SENSORIAL PRIMAVERAL

Objetivos:

Desarrollamos la motricidad fina con el agarre o pinza, adquirimos conocimientos sobre los colores y favorecemos los sentidos.

Desarrollo:

Realizamos una flor con los garbanzos, ponemos los cubos o cajas de colores alrededor para que puedan meter cada garbanzo en su color y, dependiendo de la edad, se le añade más dificultad o menos, con la mano, pinza o cuchara.

Materiales:

◇ Bandeja de experimentación.

◇ Garbanzos pintados de colores.

◇ Cubos de los mismos colores.

◇ Pinzas, cucharas...

◇ Elementos primaverales.

BANDEJA NATURAL

Objetivos:

Desarrollar su imaginación, mejora su motricidad fina, estimular los sentidos.

Desarrollo:

Colocar los materiales para que ellos puedan manipular y explorar las diferentes texturas.

Materiales:

◇ Bandeja.

◇ Materiales de madera (mortero, troncos de madera, palos...).

◇ Avena o harina.

BANDEJA ANIMALES MARINOS

Objetivos:

Desarrollar motricidad fina, mejora de los conceptos y palabras, estimular los sentidos.

Desarrollo:

Cogemos dos bandejas y en una de ella rellenamos con agua. A continuación echamos el colorante azul y un poco de jabón para hacer pompas en el agua y que parezca más real, metemos los animales acuáticos y en la otra echamos avena molida o galleta molida (para simular la arena), le ponemos los animales marinos, conchas, que estén en rocas fuera del agua y a disfrutar.

Materiales:

◇ Animales marinos.

◇ Agua.

◇ Colorante azul.

◇ Elementos playa.

◇ Bandeja.

BANDEJA MARIPOSAS

Objetivos:

Con esta actividad desarrollamos nuestros sentidos, mejora de la motricidad fina y conocimientos de nuevos conceptos y palabras.

Desarrollo:

Presentamos todo en la bandeja sensorial, con la pinza vamos cogiendo las mariposas y garbanzos echándolos en otra bandeja.

Materiales:

◇ Mariposas.

◇ Garbanzos de color verde.

◇ Pinzas.

◇ Flores.

◇ Bandeja.

BANDEJA PiNTAR HELADO

Objetivos:

Estimular los sentidos, adquisición de colores y conceptos, desarrollar la creatividad y mejora de la motricidad fina.

Desarrollo:

Realizamos los pasos de la actividad de pintar con hielos, cogemos una bandeja, ponemos los hielos y unos folios para que el peque pueda libremente disfrutar de su creatividad y dejar volar su imaginación con esta bandeja artística.

Materiales:

◇ Hielos de colores.

◇ Folios o papel para pintar.

◇ Bandeja.

BANDEJA SENSORIAL BICHOS

Objetivos:

Estimular los sentidos, adquisición de conceptos de la temática de la actividad, desarrollar la creatividad y mejora de la motricidad fina.

Desarrollo:

Primero hacemos el cuscús al que le añadimos colorante de color verde, cogemos la bandeja e introducimos el cuscús ya pintado, luego ponemos los insectos y con una cuchara el peque podrá sacar los insectos uno a uno de la bandeja. Los bebés lo cogerán con la mano para que le resulte más fácil y dependiendo de la destreza de cada pequeño se le dará más dificultad o menos.

Materiales:

◇ Cuscús.

◇ Colorante verde.

◇ Insectos de plástico.

◇ Bandeja.

◇ Pinza o cuchara.

BANDEJA NIEVE

Objetivos:

Estimular los sentidos, adquisición de conceptos de la temática de la actividad, desarrollar la creatividad y mejora de la motricidad fina.

Desarrollo:

Hacemos nieve artificial (en mi cuenta de Instagram podéis ver cómo hacerla), luego echamos la nieve en la bandeja donde pondremos elementos y materiales que tengamos sobre el invierno polar: pingüinos, iglú... simulando un mini mundo polar con lo que tenía por casa. Yo, además, le puse una luz debajo.

Materiales:

◇ Nieve artificial.

◇ Materiales o elementos polar.

MESA DE LUZ

V iene del enfoque de Reggio Emilia, aunque muchos piensen que es de la pedagogía Montessori, voy a dar una pequeña pincelada de esta pedagogía.

La pedagogía Reggio Emilia:

El niño es el protagonista.

Es la pedagogía de la escucha, los educadores están de acompañamiento y guía al niño.

Está enfocada a los ateliers de arte gracias a Loris Malaguzzi. Él creaba espacios con diferentes artistas e invitaban a los niños para que aprendieran, se asombren y desarrollen sus emociones con instalaciones, provocaciones, juegos de luz blanca y negra... etc.

Loris Malaguzzi decía que "los niños tienen 100 maneras de expresarse, pero les robamos 99" los cuales alientan a reconocer los múltiples conocimientos de los niños. Cada niño tiene su propia forma de percibir el mundo.

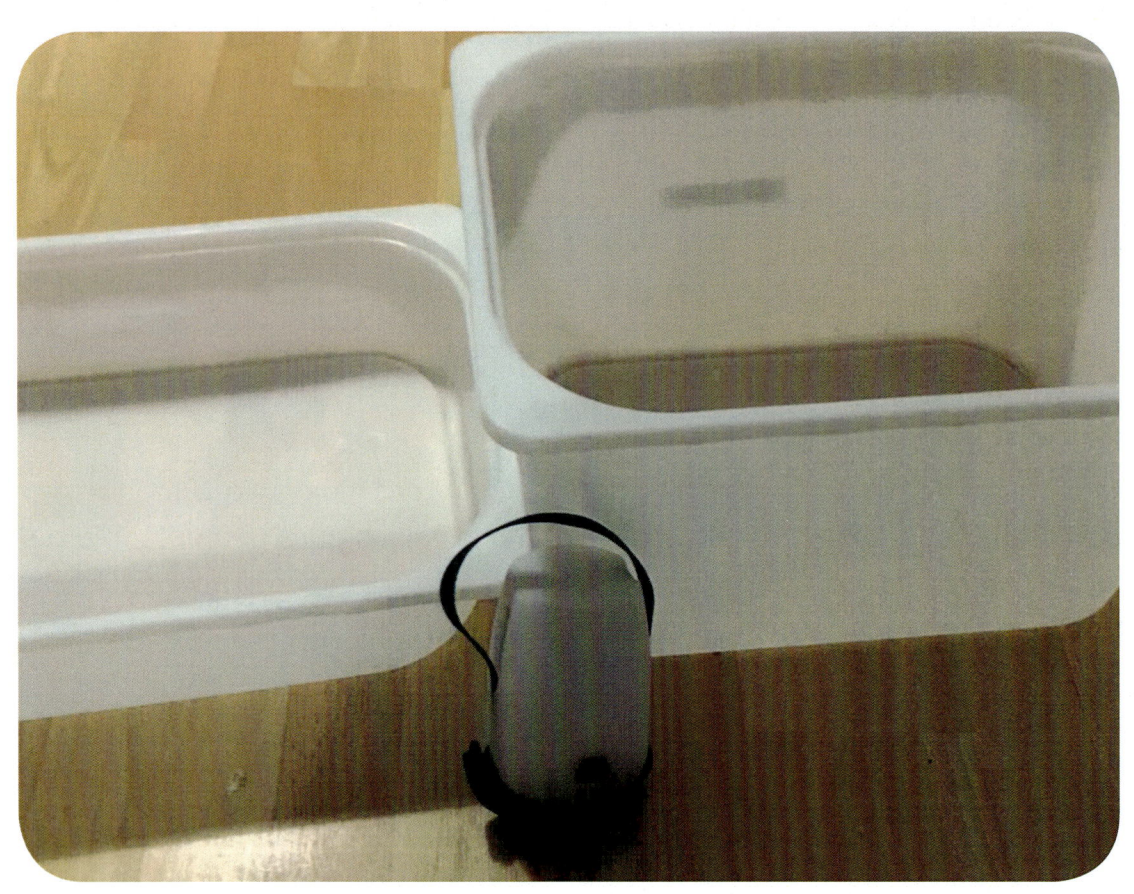

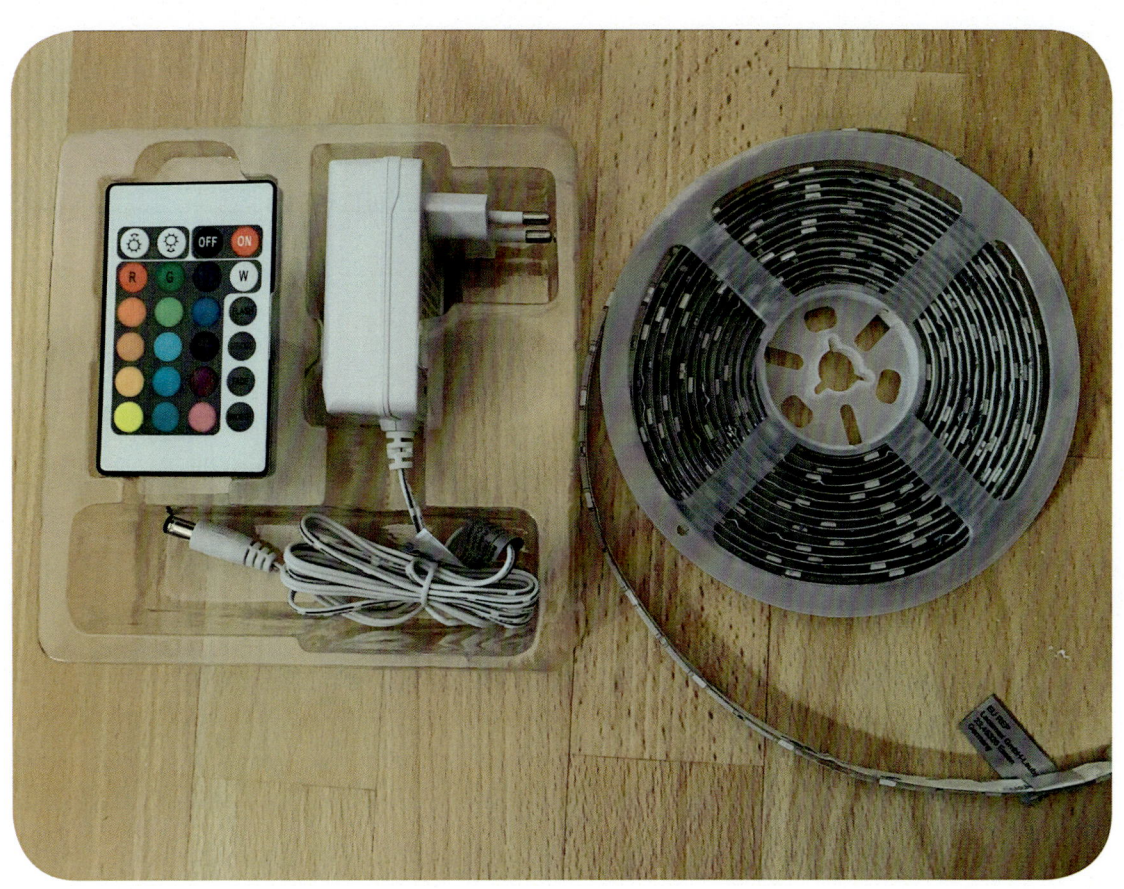

COMO HACER TU PROPIA MESA DE LUZ

Vamos a fabricar una de forma artesanal, pero debemos tener en cuenta estos puntos para que sea segura para los más pequeños, ya que es importante presentar atención a la intensidad de la luz y el cristal o plástico de la caja o mesa de luz, entre otros aspectos técnicos como, por ejemplo:

◇ Debe cumplir unos mínimos de seguridad para proteger la visión del niño.

◇ No se debe estar más de 20 minutos con la luz.

◇ Se debe utilizar con luz de ambiente, no en habitaciones totalmente oscuras.

◇ La luz debe ser adecuada y estar repartida de forma uniforme.

◇ Evitar el uso de la mesa de luz antes de dormir al igual que la televisión y las pantallas, debido a la disminución de la melatonina.

Materiales:

◇ Cajón Ikea trofast 42x30x23cm.

◇ Cajón Ikea trofast 42x30x10cm.

◇ Tira de luz led RGB 5050 o una linterna grande.

Desarrollo:

Cogemos los cajones, dentro del cajón más alto 42x30x23cm hay que meter la luz dentro (si es linterna) y poner encima el más pequeño para cerrarlo tal como se ve indicado. También se puede comprar una tira de luz led y ponerla pegada en el interior del cajón alrededor y con una separación de unos 4 o 5 cm entre una tira y otra para que la luz quede uniforme, si es con cable tenemos que hacer un agujero para poner sacar el cable y enchufarlo a la corriente, pero actualmente venden luz led sin cables.

LUZ CON GELATINA

Objetivos:

Estimular los sentidos, adquisición de los colores, desarrollar la creatividad y mejora de la motricidad fina.

Desarrollo:

En la caja echamos agua, luego cortamos las gelatinas de colores y las dejamos flotar en el agua. Encendemos nuestra mesa de luz para que vean la trasparencia de los colores de la gelatina y les dejamos jugar libremente para que experimenten y manipulen.

Materiales:

◇ Mesa de luz.

◇ Gelatinas de colores, las puedes hacer tú o comprarlas hechas.

◇ Bandeja transparente grande, si no utilizas la caja de Ikea.

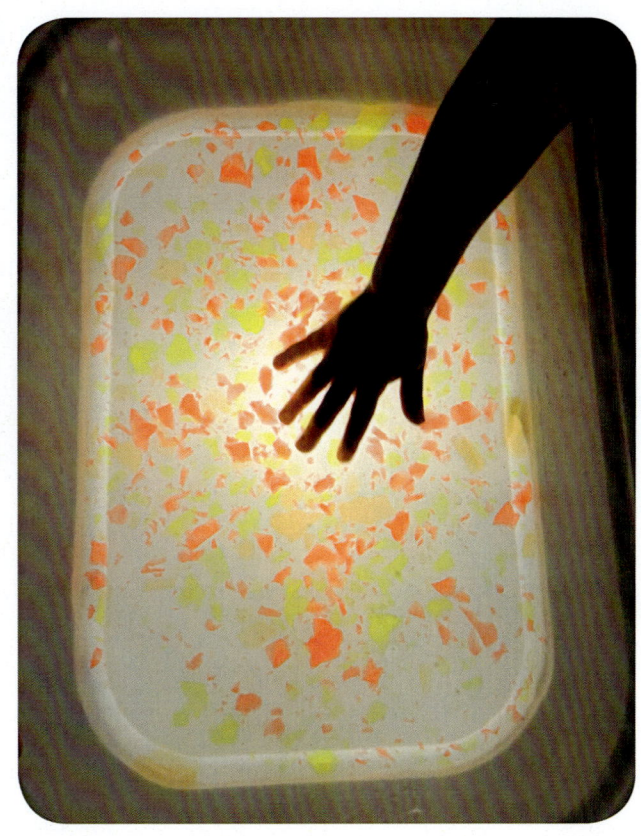

LUZ DE ARENA

Objetivos:

Estimular los sentidos, visual y el tacto, desarrollar la motricidad fina como iniciación a la escritura, adquisición de conceptos en este caso los números.

Desarrollo:

En la caja echamos arena, luego encendemos la luz y dejamos que el niño manipule y juegue para hacer la forma del número uno.

Materiales:

◇ Mesa de luz.

◇ Arena o harina de trigo.

◇ Bandeja transparente grande si no utilizas la caja de Ikea.

COLORES TRANSLÚCIDOS

Objetivos:

Estimular los sentidos, visual y el tacto, desarrollar la motricidad fina, adquisición de los colores.

Desarrollo:

En la caja ponemos los bloques de colores translúcidos, luego encendemos la luz y dejamos que el niño manipule y juegue con ello.

Materiales:

◇ Mesa de luz.

◇ Bloques de colores.

LOS PLANETAS

Objetivos:

Estimular los sentidos, desarrollar la motricidad fina, adquisición e iniciación de los planetas y sus colores.

Desarrollo:

En la caja ponemos las imágenes de los planetas. Para conseguir las imágenes solo tenéis que imprimirla con papel de acetato que lo podréis realizar en cualquier papelería. Una vez lo tenemos impreso, encendemos la luz y dejamos que el niño manipule y juegue con ello.

Materiales:

◇ Mesa de luz.

◇ Los planetas en papel de acetato.

CUENTOS EN LA MESA DE LUZ

Objetivos:

Estimular los sentidos, desarrollar la escucha y atención, aprender nuevos conceptos.

Desarrollo:

Se puede crear los personajes descargando la imagen e imprimirla en papel de acetato o también podemos pintarla o calcarla en un papel transparente que es lo que he realizado yo con este cuento, luego encender la luz de la mesa e ir contando el cuento como en un teatro de títeres.

Materiales:

◇ Mesa de luz.

◇ Personajes en papel de acetato.

◇ Cuento.

BOLAS DE COLORES

Objetivos:

Estimular los sentidos, mejora de la motricidad fina, adquisición de los colores.

Desarrollo:

En la caja echamos bolas de foam pequeñas en color blancas y bolas de colores, las mezclamos, dejamos fuera cajitas de colores igual que las bolas para poder colocar cada color en ellas, colocamos unas pinzas o unas cucharas para poder coger las bolas de colores.

Materiales:

◇ Mesa de luz.

◇ Bolas de foam.

◇ Bolas de colores.

◇ Cajas de colores iguales que las bolas.

◇ Cucharas o pinzas.

EMOCIONES

Objetivos:

Estimular los sentidos, desarrollar la escucha y atención, aprender las emociones.

Desarrollo:

Pintamos una cara sin pintar los ojos y la boca, luego hacemos en otro papel transparente los ojos y la boca (sin la cara). Podemos hacer diferentes con expresiones de alegría, otro con sorpresa, otro papel con tristeza, enfadado... luego encender la luz de la mesa e ir indicando las emociones según vamos cambiando de cara. Podemos enlazar emociones y colores, así le damos dificultad dependiendo de la edad del pequeño.

Materiales:

◇ Mesa de luz.

◇ Papel transparente (yo utilice el forro de libros, lo que tengas por casa o escuela).

NÚMEROS

Objetivos:

Estimular los sentidos, desarrollar la escucha y atención, aprender los números y los colores.

Desarrollo:

Pintamos en el papel celofán de colores los números uno, dos y tres, uno de cada color. Luego recortamos y ya tenemos los números traslúcidos. Otra opción algo más cara es comprar los números ya hechos en cualquier tienda online. Lo ponemos en la mesa de luz y encendemos.

Materiales:

◇ Mesa de luz.

◇ Papel celofán.

◇ Números transparentes de plásticos.

CUBO SENSORIAL

¿Qué es un cubo sensorial? ¿Es un cubo sensorial Montessori?

Aunque tenga el mismo nombre, lo podéis encontrar como cubo 3D o diferentes nombres. No es un cubo sensorial Montessori, es una nueva propuesta de juego sensorial en tres dimensiones que podemos adaptar y transformar para que los peques estimulen sus sentidos y lo más importante que se diviertan.

A mí personalmente me encanta por ser tan versátil. Con ello podemos crear infinidades de propuestas y ambientes de juego, con muchísimos materiales estructurados y no estructurados, donde los niños puedan jugar, explorar, descubrir y realizar nuevas conquistas cognitivas. Es una buena opción para el juego simbólico e imaginativo y creativo. Se puede utilizar para hacer una cabaña, crear un mini mundo, pintar un mural en él, propuesta de luz negra, etc...

Yo he creado el mío propio, es muy fácil y económico.

COMO CREAR TU PROPIO CUBO SENSORIAL:

Materiales:

◇ 12 barras de madera de 1,20m x 19mm.

◇ 8 cubos conectores de PVC con 3 vías de 20mm de diámetro interior.

Desarrollo:

Primero debemos cortar las barras de madera dependiendo de lo grande que queremos hacer nuestro cubo. Yo recomiendo a partir de 1 metro, después introducir los tubos en los vértices (en los conectores de PVC, yo los he comprado online) y después ya podemos empezar a montar. Es mejor empezar siempre por la base, después seguir por los bordes laterales y, finalmente, la parte superior.

Aconsejo realizar el montaje del cubo sensorial en una superficie plana. Lo primero antes de empezar con la propuesta, es mejor comprobar su estabilidad para la seguridad del peque.

ARCOÍRIS

Objetivos:

Desarrollar la creatividad e imaginación, adquisición de los colores, mejora de la motricidad fina y gruesa. Fomenta la percepción sensorial.

Desarrollo:

Solo me dejé llevar por la estética y creatividad, puse los materiales y recursos que atrajeran visiblemente para que así los peques puedan jugar libremente con lo que a ellos les dé curiosidad.

Es muy fácil hacer cualquier propuesta en el cubo sensorial, solo tenéis que elegir una temática y dejar volar vuestra creatividad e imaginación siempre teniendo en cuenta la edad de los pequeños y la temática educativa.

Materiales:

◇ Arcoíris Waldorf de colores.

◇ Pañuelos de colores.

◇ Botellas sensoriales.

◇ Cubo sensorial.

BLANCO Y NEGRO

Objetivos:

Desarrollar los sentidos, sobre todo, el de la vista, fomenta la creatividad e imaginación, adquisición de los colores, mejora de la motricidad fina y gruesa.

Desarrollo:

Colgamos algunas tiras de color rojo y negro, también tarjetas estimulación a la altura de los peques para que las tenga visibles y a su alcance, ponemos en el suelo en modo tapiz intercalando las tarjetas dentro del cubo y las cartulinas de color rojo, negro y blanco alrededor de las tarjetas para que haga contraste de los colores.

Materiales:

◇ Tarjetas de estimulación visual para bebés, tarjetas flash blanca y negras, tienen diferentes nombres, pero son las que se aprecian en las fotos de la actividad.

◇ Cartulinas de color rojo, negro y blanco.

◇ Lazos rojos y negros.

◇ Cubo sensorial.

PARTES DEL CUERPO

Objetivos:

Desarrollar los sentidos, adquisición de las partes del cuerpo, reconocimiento de sí mismo, mejora de la motricidad fina y gruesa, desarrollar la conciencia de sí mismos y su imagen corporal.

Desarrollo:

Se puede crear descargando la imagen de cada pequeño de los ojos, las manos, los pies, las orejas, etc. La imprimimos en color blanco y negro, luego las colgamos en el cubo con tanza o cuerda y lo ponemos en el cubo como vemos en la imagen a la altura de los pequeños para que estén a su alcance, en el suelo papel de periódico para dar contraste.

Materiales:

◇ Imágenes de las partes del cuerpo del niño (cara, manos, pies...).

◇ Tanza o hilo para colgar las fotos.

◇ Cubo sensorial.

◇ Papel de periódico.

PRIMAVERA SENSORIAL

Objetivos:

Estimulamos su creatividad e imaginación, adquisición de los conceptos, mejora de la motricidad fina y gruesa, desarrollamos los sentidos.

Desarrollo:

Colocamos hojas, palos de madera, trozos de madera, flores en el suelo... Yo he utilizado todo lo que tenía por casa que representa la primavera, también una bandeja con insectos, cucharas para que desarrollen la motricidad fina con una base de color verde con cuscús y colgada de la barra del cubo, podemos poner imágenes de flores y mariposas.

Materiales:

◇ Hojas.

◇ Insectos.

◇ Bandeja.

◇ Cubo sensorial.

◇ Flores.

◇ Cuerda.

◇ Cuscús.

◇ Material de naturaleza (palos, trozos de madera...).

LUZ NEGRA EN 3D

Objetivos:

Estimular los sentidos, adquisición de los colores, mejora de la motricidad fina y gruesa, promueven la resolución de problemas, la experimentación y la creación de nuevas ideas.

Desarrollo:

Todo lo que sea de colores fluorescentes se pueden incluir en la propuesta de luz negra, donde colocamos los globos y guirnaldas de color fluorescente en el cubo sensorial y en el suelo ponemos tiras de papel, conchas y vasos fluorescentes. Este material se puede encontrar en cualquier bazar. Después colocamos la luz ultravioleta siempre por encima de las cabezas de nuestros peques para que no puedan mirar directamente hacia la luz. Si queréis hacerlo más divertido, pintamos a los peques con pintura fluorescente para la cara.

Materiales:

◇ Linterna o lámpara de luz ultra-violeta.

◇ Globos fluorescentes.

◇ Papel fluorescente de colores.

◇ Materiales fluorescentes (conchas y vasos).

COMO HACER LUZ NEGRA O LUZ ULTRAVIOLETA

Si no tenéis una luz ultravioleta por casa o en la escuela, seguro que con estos materiales podéis hacer la vuestra.

Materiales:

◇ Linterna o lámpara.

◇ Papel celofán de color azul o cinta adhesiva ancha.

◇ Permanente azul.

Desarrollo:

Con la linterna apagada o la lámpara desenchufada, colocamos el papel celofán azul cubriendo la parte de la luz de la linterna o la luz de la lámpara, lo pegamos con cinta adhesiva para que no se mueva y encendemos la luz.

Otra forma de hacerlo es si no disponemos de papel celofán azul, con cinta adhesiva encima de la luz de la linterna, la coloreamos con permanente de color azul, pegamos encima cinta adhesiva y volvemos a colorear con permanente, esta acción la volvemos hacer 3 veces más y ya estaría lista nuestra linterna ultravioleta casera.

REFLEJOS

Objetivos:

Desarrollar la conciencia de sí mismos y su imagen corporal, mejorar la coordinación óculo manual y la motricidad fina, estimular su creatividad e imaginación entre otros.

Desarrollo:

Primero tenemos que colocar el cubo sensorial. En la parte arriba colgamos unos CD y papel de espejo con tanza o una cuerda y en el suelo lo cubrimos con papel de aluminio o albal y ponemos un espejo en el centro.

Materiales:

◇ CD.

◇ Espejos.

◇ Papel albal o aluminio.

◇ Cubo sensorial.

RECICLAJE

Objetivos:

Desarrollar los sentidos, estimular la creatividad e imaginación, mejora de la motricidad fina y gruesa.

Desarrollo:

Montamos el cubo sensorial, colocamos estéticamente visible para los pequeños los rollos de cartón WC, caja de cartón, tiras de papel, linterna, cartón de huevos, etc...

Materiales:

◇ Cartón de huevos.

◇ Linterna.

◇ Rollos de cartón WC.

◇ Cartón.

◇ Papel.

TRANSPARENCIA

Objetivos:

Estimulación sensorial, desarrollo de la creatividad e imaginación, adquisición de los colores y formas, mejora de la motricidad fina y gruesa.

Desarrollo:

Ponemos papel film al cubo sensorial, pegamos los trozos de papel celofán de colores al cubo, ponemos en el suelo bloques translucidos de colores y al lado unas luces o linternas para que se vea el efecto del trasluz de los colores.

Materiales:

◇ Papel film.

◇ Trozos de papel celofán.

◇ Bloques translúcidos.

◇ Linterna.

◇ Cubo sensorial.

Espero que hayáis disfrutado de todas mis propuestas e ideas, como recursos para el aula o en casa y se diviertan aprendiendo vuestros peques con cada una de ellas.

En mi perfil de Instagram comparto recursos e indico donde compro los materiales de cada actividad. Mi cuenta es @nebulae_infantil.

Podéis dar vuestro toque creativo y añadir o quitar algunos materiales moldeándolo a vuestra temática educativa.

AGRADECIMIENTOS

Gracias a la editorial por confiar en mí y ofrecerme esta oportunidad de plasmar mis ideas y actividades en papel para compartir con todos vosotros.

Y a mi familia, por apoyarme, animarme y enseñarme a que todos los sueños hay que perseguirlos hasta lograrlos con esfuerzo y dedicación, ya que sin ellos no hubiera sacado tiempo para hacer esto posible.

BIBLIOGRAFÍA

◇ Libro: "la educación infantil en Reggio Emilia"(Loris Malaguzzi).

◇ Montessori IMI.